ÉMILE THÉRON

VICTOR HUGO
CATHOLIQUE

VICTOR HUGO & L'ÉCOLE LITTÉRAIRE CATHOLIQUE

> Dans l'orient égyptien, la poésie a, comme les édifices, la grandeur et la tranquillité des lignes ; dans la Grèce antique, la beauté, la sérénité, le calme ; dans l'Europe chrétienne, la majesté catholique...
>
> VICTOR HUGO.
> *Notre-Dame-de-Paris*, Livre V, Chap. 2.

> Son œuvre *(les Misérables)* serait plutôt en un certain sens, la démonstration de la supériorité de la religion, et même de la religion catholique.
>
> CH. DE MAZADE
> *Revue des Deux-Mondes*, 1er juillet 1862.

Prix : 50 Centimes

NIMES
IMPRIMERIE CRÉMIER TEYSSIER
Avenue Feuchères, 13

1886

ÉMILE THÉRON

VICTOR HUGO CATHOLIQUE

VICTOR HUGO & L'ÉCOLE LITTÉRAIRE CATHOLIQUE

> Dans l'orient égyptien, la poésie a, comme les édifices, la grandeur et la tranquillité des lignes ; dans la Grèce antique, la beauté, la sérénité, le calme : dans l'Europe chrétienne, la majesté catholique...
>
> VICTOR HUGO.
> *Notre-Dame-de-Paris*, Livre V, Chap. 2.

> Son œuvre *(les Misérables)* serait plutôt en un certain sens, la démonstration de la supériorité de la religion, et même de la religion catholique.
>
> CH. DE MAZADE
> *Revue des Deux-Mondes*. 1er juillet 1862.

Prix : 50 Centimes

NIMES

IMPRIMERIE CRÉMIER TEYSSIER

Avenue Feuchères, 13

1886

A CHARLES BUET

Au jeune et vaillant écrivain catholique.

Témoignage d'admiration.

Témoignage de profonde reconnaissance pour sa bienveillance envers l'auteur.

A l'auteur du PRÊTRE, *qui comprendra que j'ai écrit ces lignes pour ceux qui voient ce qu'il peut y avoir de beau, de grand, de pathétique, de suave, de tendre dans notre religion, et non pas pour ceux qui n'y trouvent que la sécheresse ou la roideur d'un dogme.*

Emile THÉRON.

Mars 1886.

VICTOR HUGO CATHOLIQUE

I

Ecrit avant sa mort, lors de son 83e anniversaire

Tout génie porte avec lui une faiblesse, la faiblesse de
l'orgueil. Il la manifeste plus au moins, mais il n'en est
pas moins égaré. Hugo a été ainsi et il l'est encore davan-
tage, malheureusement pour sa gloire. Moralement et ma-
tériellement parlant, sa renommée d'écrivain et de poète,
parmi les critiques sincères et les personnes d'un jugement
sobre et éclairé, a décru d'une manière trop sensible pour
qu'on laisse passer ce faux enthousiasme dont on s'efforce
de lui rendre hommage, et qu'il prend, lui, le génie déchu,
le grand homme énigmatique, le poète radieux d'antan,
pour de véritables louanges d'adorateurs zélés et sincères.
Ah ! pourquoi n'a-t-il pu, comme tant de ses illustres
contemporains, rester dans la voie qu'il s'était tracée ?
Pourquoi en a-t-il voulu sortir si brusquement pour la
maudire après ? Dieu seul le sait. Lui seul sait mieux que
nous tous lire dans les intelligences des hommes. Le Créa-
teur qui avait formé cet esprit si extraordinaire, l'avait
chargé sans doute de quelque défaut malgré sa perfection
relative. Celui de Voltaire n'était-il pas ainsi fait à quelque chose près ? Mais quelle différence entre l'auteur de la
Pucelle et celui d'*Hernani* ! Hugo jeune commence dans
la piété ; Voltaire jeune commence dans l'irréligion la plus
étonnante. Hugo reste religieux et continue à chanter sa
foi jusqu'à une certaine époque, mais Voltaire déblatère

contre elle et cherche à la souiller par de révoltants sophismes. Mais hélas ! le Hugo de maintenant est un véritable Voltaire. Pourquoi ce regrettable changement ? Demandez-le à Victor Hugo ou bien à Dieu : eux seuls le savent. Les plus profonds critiques ne pourraient nous répondre là dessus ; ils s'y sont tous [perdus.

II

Ecrit après sa mort

Victor Hugo catholique ! s'écriera-t-on ! ou plutôt s'écrieront ceux qui ne le connaissent pas. Quel est donc ce maraud qui a pu trouver un pareil titre ?...... Quelle antithèse !

Oui ! Victor Hugo catholiqne ! Ah ! cela vous étonne messieurs les faux républicains et les faux admirateurs. Je vais vous démontrer, moi, simple jeune homme, que j'étais enthousiaste du Maître plus que vous ne l'étiez, plus que vous ne l'êtes, plus que vous ne le serez jamais ! Votre admiration pour lui n'est pas littéraire, elle est politique, et encore !

Ah ! vous vous êtes appropriés cet homme, misérables présomptueux ! Vous vous êtes dit : Il est à nous ! Erreur ! Vous avez fait pencher son esprit de votre côté, c'est vrai ; mais cet esprit, avant qu'il vous appartînt, qui le possédait ? Le catholicisme !

Il vous sied bien d'avoir conquis cette illustration au catholicisme, mais pas plus tôt qu'elle a été entre vos mains son auréole poétique s'est affaiblie, et de flamboyante qu'elle était, elle est devenue pâle et terne. Voilà votre œuvre. Vous niez l'auteur des *Odes et Ballades,* mais vous approuvez celui de *Religions et Religion.* Vous haïssez le passé de cet homme, vous le trouvez trop religieux. Votre stupidité va si loin que vous regrettez la beauté religieuse des *Misérables* même, cette œuvre d'un socialisme chrétien, je dirais catholique. Vous trouvez drôle qu'il ait introduit le portrait d'un généreux évèque dans le premier livre de cet ouvrage immense. Et c'est de l'évêque que découle tout le roman ! Cela vous exaspère !

Vous aurez beau vanter *Torquemada*, il ne vaudra jamais les drames lumineux qui se nomment : *Marion Delorme*, *Hernani*, *Ruy-Blas*, *Angelo*, *les Burgraves*, *le Roi s'amuse*, *etc*. Ceux-ci ont été faits dans une même époque où l'auteur était religieux, quoique libéral ; tandis que l'autre a été conçu dans un temps où il était devenu tout à fait anti-catholique. Victor Hugo avait alors abandonné ses premiers sentiments, ses premiers principes, et, chose plus paradoxale encore pour un écrivain, ses premières théories littéraires qui l'avaient guidé jusque-là. Son livre de *Religions et Religion* est un affreux paradoxe à l'égard de la préface de *Cromwel*, morceau magnifique, qui jeta les véritables bases du romantisme en France. Dans cette préface, il proclame que la religion catholique, son caractère, sa forme, son culte sont d'un grand secours à l'art. Dans *Religions et Religion*, il ravale ce principe en exposant je ne sais quelle doctrine vague, étrange, incompréhensible.

III

On trouvera étrange qu'une voix sincère s'élève au milieu de ces acclamations et de ces fanfares qu'un peuple prodigue faussement, apparemment sans admiration intérieure, à un homme qui tâchait de passer pour incompris, qui posait pour l'homme énigmatique. Et ce peuple applaudit, ivre d'ignorance, ne connaissant pas l'œuvre de cet homme. Il en a entendu parler et pour lui, une renommée de paillasse ou de héros, c'est la même chose. Il applaudit sans savoir et sans voir. Gambetta est applaudi, Lamartine est méconnu. Le tribun-paillasse reçoit des ovations magnifiques, Lamartine meurt ignoré, dans la misère. Il est enseveli modestement dans le cimetière de Saint-Point. Et pourtant quelle différence entre ces deux hommes ! Quelle profanation de mettre ces deux noms en présence l'un de l'autre !

On trouvera, dis-je, bien singulier qu'une voix parle sincèrement parmi ces fanfaronnades. Et cette voix rendra justement gloire au poëte qui vient de mourir. Elle le louera plus que ne le louent ses fétichistes fourbes. Car celui qui fera entendre cette voix est un de ceux qui ont le plus adoré le Maître. Tout obscur qu'il soit, il ne se fera pas moins entendre et satisfera son désir en accomplissant son devoir d'admirateur légitime et vrai.

IV

Balzac a eu des fétichistes, et quels fétichistes, grand Dieu ! Des fétichistes qui comptaient parmi eux, et ce n'étaient pas les moins enthousiastes : Victor Hugo, Lamartine, Th. Gautier, A. de Pontmartin, Taine, Arsène Houssaye, etc, tc. Ceux-là au moins étaient sincères. Pourquoi Victor e. o, n'en aurait-il pas ? Il mérite, certes, plus même Hug. zac d'en avoir. Le grand poëte en a et de remarque Ba. ais les autres, les petits, et de ce nombre on quables. M. s adulateurs pervers : Auguste Vacquerie, peut citer se. Mendès et Paul Meurice, ceux-là, dis-je, Lockroy, Catulle obscurs, comme des avortons en littéconnus comme trop ellement autour du géant poétique, rature, tournant contin. chose ? Ajouteront-ils quelque ceux-là valent-ils quelque comprenaient-ils bien euxchose à la gloire d'Hugo ? L. ts de la dernière phase de mêmes ? Ils furent les confiden. nel ami de Victor Hugo, sa vie. Théophile Gautier, cet éte. ingué défenseur de sa ce disciple ardent du poëte, ce dist. cela se comprend, gloire, était mort. Les autres vinren. ue. Gautier aima prendre la place du remarquable critiq et le corrompifranchement Hugo, les autres l'adulèrent rent.

Qu'on ne s'attende point ici à lire une biographie ; je

laisse ce soin aux feuilletonnistes qui se sont empressés de raconter la vie du poète dans des pages plus ou moins authentiques , ces biographies abondent en billevesées ridicules. Tantôt ce sont des assertions hasardées, des faits contestables. Je renvoie seulement le lecteur, s'il veut savoir la principale vie littéraire du poète, à commenter les pages qu'a écrites Sainte-Beuve dans des articles judicieux et impartiaux ; s'il veut savoir sa vie politique, qu'il s'en rapporte à l'histoire. Ce sera à lui de juger.

V

Au lieu de prolonger cet article, je me bornerai seulement à réitérer que Victor Hugo a été un des poètes les plus catholiques du siècle. Cela étonne et pourtant cela est. Qu'on repasse ses principales œuvres, depuis les *Odes et Ballades* jusqu'aux *Misérables* inclusivment, et l'on verra l'immense édifice qu'il a élevé par le moyen de la religion romaine Qu'on lise *Notre-Dame de Paris*, ce roman décoré d'architecture gothique, et l'on aura une idée de son amour passionné pour les monuments que la religion s'est plu à construire pour l'admiration des siècles.

Tous ses vers, tous ses drames, tous ses romans sont imprégnés de catholicisme. Au moment même de sa défection, il ne peut s'empêcher d'avoir de l'estime pour cette foi qu'il quitte et qu'il reniera bientôt. Mais, hélas ! après les *Misérables* commence la série extravagante de ses derniers ouvrages, ouvrages d'une valeur bien inférieure à celle des premiers. Ceux-ci surnageront toujours, tandis que les autres courent le risque de sombrer.

Quoi qu'il en soit, Victor Hugo a exercé une grande influence dans la littérature catholique, qui peut le compter au rang de ses types les plus sincères et les plus enthousiastes.

La grande école catholique le reçut fort jeune dans son sein, et ne l'en laissa sortir que pour aller à l'exil. C'est là qu'il déblatéra contre elle. L'exil l'avait rendu irritable, et s'il devint hargneux, il faut s'en prendre à l'exil, je crois.

Lamartine, ce cygne de la poésie française, était bien moins catholique qu'Hugo, Lamartine, avec son éternel *toi* lorsqu'il s'adresse au Seigneur, avec son philosophisme incessant et son pantheisme vague, finit par vous déplaire un peu. Mais Victor Hugo, lui, avec son *vous* respectueux et tout catholique vous charme et vous ravit. Une pareille remarque n'est pas à dédaigner. Elle doit rentrer dans le parallèle des deux grands poètes. Tandis que Victor Hugo croit au Christ avec une foi rare, Lamartine voit obscurément de la divinité dans le Fils de Dieu. Victor Hugo avait *quelque chose* de l'apôtre que Lamartine n'a jamais eu.

Le gouvernement actuel, si hostile aux catholiques, qui a payé les funérailles de l'illustre mort, aurait dû songer aux œuvres primordiales de ce génie. Mais non, stupide qu'il est, il n'a vu dans Hugo qu'un homme du jour et pas plus !..... par exemple comme si Ferry mourrait. C'est ignoble !.....

Oh ! je sais que de nombreuses dénégations vont accueillir mes phrases. Qu'importe ! Je m'y attends ! mais ce que j'aurai dit n'en sera que plus vrai et plus légitime, et l'école catholique n'en fera pas moins son chemin vers le progrès littéraire et religieux,

VI

Oui l'école catholique continuera son chemin rempli de lumière et d'apothéoses. Cette école qui compte tous les plus grands génies des temps modernes, qui va de la poésie aux beaux-arts et des beaux-arts à la musique ; du Tasse et l'Arioste à Raphaël et Michel-Ange et de ceux-ci à Mozart et Rossini.

En littérature, tout le siècle resplendissant de Louis XIV lui appartient, Molière tout aussi bien que Fénélon. Le dix-huitième siècle l'abandonna un peu à cause de la Révolution qui approchait, mais le dix-neuvième siècle, par exemple, en rétablit les rangs, et les forma pour jamais. L'homme à qui l'on doit cette revendication est Chateaubriand. Nommer cet homme cela suffit, je pense !....

Puis vinrent ses disciples ou élèves : Joseph et Xavier de Maistre, le vicomte de Bonald, Ballanche, Sainte-Beuve, Lamartine, Lamennais, Alfred de Vigny, Barbier, Casimir Delavigne, Alexandre Dumas, Alfred de Musset, Balzac, Brizeux, Victor de Laprade, Jules Janin, baron de Barante, A. de Pontmartin, Montalembert, Georges Sand, de Tocqueville, de Falloux, de Broglie, Prosper Mérimé, Th. Gautier, Beaudelaire, Jules Sandeau, Emile Souvestre, Eugène Scribe, Turquetty, J.-J. Amphère, F. Ozanam, Jean Reboul, Lacordaire, Béranger, de Loménie, Henri Mûrger, de Salinis, Gerbet, Victor Hugo, Ernest Hello, etc., etc.

Maintenant à ces hommes là se rallient nos écrivains les plus distingués du jour, tels que Barbey d'Aurévilly, Dumas fils, Octave Feuillet, Alphonse Daudet, Jules Claretie Th. de Banville, les deux de Goncourt, Adolphe Belot, Ludovic Halévy, Ch. de Mazade, Victorien Sardou, François Coppée, Henri de Bornier, Paul Bourget, André Theuriet, Albert Delpit, Georges Ohnet, Arsène Houssaye, Léon Gautier, Charles Buet, Joséphin Peladan, etc., etc. Avec de tels noms, une école ne peut que se faire applaudir et admirer.

Voilà l'école littéraire catholique dont Victor Hugo fut une des plus vives illustrations.

Avec ce magnifique cortège à la tête duquel marche Chateaubriand, ce grand catholique, ce demi-dieu, que Musset le lord Byron français, si sceptique en littérature, appelle « Prince de la poésie », et dont John Lemoinne a dit : « Nous sommes tous ses fils ! » Oui c'est avec ce cortège triomphal et séculaire que nous, catholiques, nous résisterons aux attaques mesquines et basses des libres-penseurs et des athées, ces assassins de l'idéal.

Nous sommes les Grecs, eux sont les Turcs. Prenons garde du moins ! car ils pourraient nous chasser comme les anciens Turcs ont chassé les anciens Grecs. Nous avons hérité des Grecs par nos grands hommes, nous avons nos Homères, nos Eschyles, nos Aristophanes. Le génie catholique est un pendant du génie antique, voilà tout.

On remarquera que dans les personnalités célèbres que j'ai nommées, il s'en est trouvé de plus individuellement catholiques les unes que les autres. Témoins de Maistre et Chateaubriand, tous les deux d'une façon différente ; Balzac lui-même, Balzac qui a écrit la préface absolutiste de sa *Comédie humaine* ; et Barbey d'Aurévilly, auteur du *Prêtre marié* et des *Diaboliques*, que Lamartine appelait si bien « Le Duc de Guise de la Littérature. »

Je n'ai pas nommé Veuillot à cause de sa méchanceté pour d'éminentes célébrités, même catholiques. Veuillot n'était pas catholique, il était pamphlétaire et haineux de tout enthousiasme, de toute gloire.

Remarquez combien Victor Hugo s'est dépassé dans les *Misérables* en sentiment religieux. Remarquez que Cosette et Jean Valjean ne manquaient jamais la messe le dimanche. Ils allaient tous les deux à Saint-Jacques-du-Haut-Pas, où Jean Valjean avait l'habitude de faire l'aumône aux pauvres. Voyez aussi Marius qu'on surprend agenouillé sur la tombe de son père, devant une croix de bois noir, tenant à la main une couronne de fleurs funéraires. N'est-ce pas là le plus pur sentiment catholique ?

Voyez la plupart de ses femmes, elles ont la tendresse catholique : Doña Sol, Catarina, Doña Maria de Neubourg, Blanche, Cosette, etc.

D'ailleurs ses plus beaux livres sont écrits dans l'esprit catholique. *Les Travailleurs de la mer* ne vaudront jamais les *Misérables*, et la *Pitié suprême* et l'*Ane* ne peuvent valoir les *Chants du crépuscule* et les *Feuilles d'Automne*.

On est donc obligé de reconnaître que Victor Hugo a été à ses moments l'un des écrivains les plus catholiques du siècle.

Emile Théron.

FIN

QUELQUES VERS

—✕—

A Jean Richepin

Auteur des *Blasphèmes* et de la *Mer*.

Richepin ! Richepin ! ta muse sait me plaire !
J'aime ton vers de bronze et ton style insolent.
Tes œuvres t'ont montré rival de Beaudelaire.
J'aime les grands écarts de ton esprit sanglant !
Février 1886.

A la muse catholique

O vierge au doux regard, à la bouche candide,
Toi dont le front toujours est serein et riant,
O Muse, revêts-toi de ta robe splendide,
Muse de Lamartine et de Chateaubriand !
Muse du grand Hugo, mais que dans sa vieillesse,
Il osa délaisser avec tant de bassesse,
Muse des Bossuets et des Montalemberts,
On veut ternir en vain ta gloire indélébile :
Du temple du vrai Dieu, magnifique sybille,
Ton trépied fatidique étonne l'univers !
Plus que la muse antique, Ange, l'on te révère,
Comme elle tu n'es pas servante des faux dieux ;
Ton front est plus sacré ! ton œil plus radieux ;
Fille de Jésus-Christ, ton Pinde est le Calvaire !
Juillet 1885.

A Rosa

Comme vous êtes loin, paradis parfumé !
Charles Beaudelaire.

RÊVE

S'éveiller fatigué de sommeil et de songe,
Avoir rêvé la nuit quelque aimable mensonge
    Qui se dévoile au jour !
T'avoir rêvé aimable, affolée et charmante,
En me couvrant alors, passionnée amante,
    De baisers et d'amour !
Dans des transports brûlants et d'une voix suprême,
Folle, tu me disais : Ah ! je t'aime ! je t'aime !
    Mon jeune bien aimé !
Rosa, tu me pressais dans tes bras, délirante !
Il sortait je ne sais quelle odeur enivrante
    De ton sein parfumé !
Oh ! comme tu m'aimais !... Mais soudain je m'éveille,
Je me retrouve aussi stupide que la veille
    Quand tu m'avais quitté :
Tu sais, j'avais le cœur inondé de tristesse
— Change donc, ô Rosa, ce songe empli d'ivresse
    Par la réalité !
Février 1886.

Encore à Rosa

Toi que je trouve enfin dans mon étrange vie,
Pour moi laisse ton cœur s'ouvrir avec benté ;
Que ma lèvre à la tienne à jamais soit unie,
Laisse-moi près de toi gémir de volupté !
Février 1886.

A Jules Claretie

O Jules Claretie, au parisien style,
J'aime fort les dandys que tu sors de ton sac :
Ton beau *de Chantenay*, ton gommeux *de Lissac* ;
J'aime leur chic costume et ton esprit facile.

Février 1886.

A Ganges

O mon pays, sois mes amours
Toujours. — Chateaubriand.

O Ganges, mon berceau, mon unique patrie !
O paradis rempli de lointains heureux jours,
Oasis aujourd'hui retrouvé dans ma vie,
    Mais, hélas ! sans amours !

Sans les amours d'antan à l'àme ensevelie,
Amours, pauvres amours, triste et cher souvenir,
Vous êtes le sujet de ma mélancolie
    Qu'augmente l'avenir !

Temps plein d'illusions, de plaisirs et de rêves,
Pourquoi m'as-tu quitté ? Pourquoi t'ai-je perdu ?
Ah ! viens verser encor quelques délices brèves
    Dans mon cœur abattu !

Lorsque je formulais par un vague murmure
Les premiers sentiments dont se berçait mon cœur ;
Quand j'écoutais le vent souffler dans la ramure
    De quelque arbre rêveur ;

Quand je voyais la pluie, inconsciente et douce,
Tomber sur l'arbrisseau comme pour le bénir ;
Quand je voyais l'oiseau voleter sur la mousse
    Et l'insecte y courir ;

Quand je voyais la nue, errrante et passagère,
S'avancer lentement dans les royaumes bleus ;
Quand le souffle impuissant de la brise légère
    Agitait mes cheveux,

J'étais heureux alors ! — Mais je perdis mon père :
Je n'avais que treize ans au moment de sa mort !
Je lus pour bien longtemps l'affreux mot : Désespère !
    Au livre de mon sort...

Hérault ! te souviens-tu lorsque sur ton rivage,
J'errais en composant quelques sonnets divers
Pour la cruelle Ida qui me disait sauvage
    Et riait de mes vers !

Après ce temps un autre ! — Aux coups du sort étrange
Je suis habitué, car jamais à mes pas
Personne ne s'attache et la voix d'aucun ange
    Ne me parle tout bas !

Or je vais désormais inquiet, solitaire,
Refoulant dans mon sein mes sentiments trahis,
O Ganges, je vais seul n'aimant sur cette terre,
    Rien que toi, mon pays !

Et toi qui sous ta pierre ignorée et déserte,
Toi qui dors, ô mon père, hélas ! depuis sept ans,
Des pas indifférents foulent ta tombe verte,
    Et pensif tu m'attends !

Ganges, mai 1885.

A Victorien Sardou

A propos de *Théodora*, jouée par Sarah-Bernhardt

J'aime Théodora faisant mousser les haines,
Au Cirque ôtant son voile aux yeux de son amant !
O Sardou, par ton drame oriental et grand,
J'ai vu qu'un sang de Grec circulait dans tes veines !

Septembre 1885.

Nimes. — Imprimerie CRÉMIER TEYSSIER, avenue Feuchères, 13.

www.ingramcontent.com/pod-product-compliance
Lightning Source LLC
LaVergne TN
LVHW021915180726
843502LV00008B/3082